Moïse ILOKO KITUMBAMOYO

LA GENERATION DES PERES ET DES FILS (Tome I)

Moïse ILOKO KITUMBAMOYO

LA GENERATION DES PERES ET DES FILS (Tome I)

Éditions Croix du Salut

Imprint

Cover image: www.ingimage.com

Publisher:
Éditions Croix du Salut
is a trademark of
Dodo Books Indian Ocean Ltd., member of the OmniScriptum S.R.L Publishing group
str. A.Russo 15, of. 61, Chisinau-2068, Republic of Moldova Europe
Printed at: see last page
ISBN: 978-620-3-84265-4

CONTENU

« Mon plus grand regret est celui de voir que l'église (locale) a beaucoup des apôtres, docteurs, prophètes, pasteurs et évangélistes ***mais elle souffre d'une carence de vrais pères (visionnaire)*** *».*

Evangéliste,
Moïse ILOKO KITUMBAMOYO

« Mes enfants, pour l'enfantement desquels ***je travaille de nouveau jusqu'à ce que Christ ait été formé en vous*** *».*

Galates 4:19, Bible Version Darby

«Toute cette génération fut recueillie auprès de ses pères, ***et il s'éleva une autre génération, qui ne connaissait pas l'Éternel, ni ce qu'il avait fait en faveur d'Israël*** *».*

Dans Juges 2:10

REMERCIEMENTS

Je remercie de prime à bord le Saint-Esprit, lui qui m'a téléchargé les mots et les phrases justes dans l'élaboration de cette chand' œuvre sur ***" la génération des pères et des fils "***. Il est la source de mon inspiration.

Je fais parvenir mes reconnaissances en particulier, à mon Père spirituel Bishop **SAKODI PETRO,** je l'appelle aussi " *kamikaze de l'évangile* ". Sans son encadrement je n'aurais pu arriver à la dimension des aigles et à la connaissance parfaite des écritures. Il m'a forgé à la lumière des écritures saintes et à la crainte de l'Eternel.

Je remercie en outre tous les hommes de Dieu qui, sans qu'ils le sachent m'ont influencé par leurs enseignements et prédications. Je cite ici: l'apôtre **Shora KWETU**; le Prophète **Joël Francis Tatu** ; l'Apôtre **Marcelo TUNASI** et l'Apôtre **Roland DALO** et le **Révérend** Pasteur **Espérance MBAKADI.**

***

2

INTRODUCTION

Dans la Bible, plusieurs cas de personnes qui sont passées par des hommes de Dieu pour être formées. A l'exemple de Moïse et Josué, Élie et Élisée, Eli et Samuel, Jésus-Christ et ses disciples, les apôtres et les premiers chrétiens, ou encore Paul et Timothée, etc.

Dieu n'appelle jamais un homme à le servir sans lui donner une vision ou encore les objectifs à atteindre. Dieu donne la vision à la génération des pères appelés " *des visionnaires* ". La vision des pères est transmisse à la génération des fils et les fils conduiront la vision des pères à la génération des petits-fils.

Les visionnaires sont les généraux de Dieu. Ils sont souvent rejetés avant d'être accepté par les hommes. Parfois, c'est après leurs morts que les gens le reconnaissent. Aussi, beaucoup de personnes ont reçu de véritables appels du Seigneur mais ne sont pas disposées à côté d'un père afin d'être façonner en caractère et en expérience dans le ministère.

Il est important de comprendre que Dieu est le Dieu générationnel car il voit plusieurs générations derrière les personnes qu'il appelle. Les vrais visionnaires sont des personnes formées et transformées qui à leurs tours formeront et transformeront les autres cela de génération en générations.

La génération des pères et des fils constituent les bases que Dieu pose pour qu'une vision se réalise et demeure. «*Ce que vous avez appris, reçu et entendu de moi, et ce que vous avez vu en moi, pratiquez-le. Et le Dieu de paix sera avec vous*» Philippiens 4:9.

C'est la raison d'être de ce merveilleux livre qui se trouve entre vos mains.

1ère Partie

LA GENERATION DES PERES

Selon le Dictionnaire, le mot père en latin « *pater* » veut dire « *celui qui a plusieurs enfants (fils)* ». Il peut aussi se traduire par: source, géniteur, procréateur, protecteur, etc.

Je préfère la définition donnée par l'un de mes mentors, le Pasteur Espérance MBAKADI « *Le père est celui qui engendre, qui donne la vie et qui protège la vie* ».

Les pères sont ceux qui reçoivent l'appel et la vision de Dieu. Ce sont des visionnaires, ils sont établis comme des pères dans la foi et doivent travailler pour la formation des fils et des filles qui continueront la vision de Dieu. Aucun homme ne se donne une vision. Une des caractéristiques majeures d'une vision, est que, il a sa source en Dieu. Toute vision qui n'a pas sa source en Dieu conduit à la destruction.

Les visionnaires sont des pères à la fois des modèles pour les fils. Vous ne pouvez pas former les gens efficacement si vous n'avez jamais expérimenté vos enseignements. Vous ne devez pas être seulement un théoricien mais surtout un pratiquant.

Jésus-Christ était le véritable modèle d'un père. Il vivait en permanence avec ses disciples. C'est pourquoi la formation qu'il leur donnait n'était ni philosophique, ni intellectuelle, mais pratique.

L'apôtre Paul comme père exhorte à ses fils dans la foi de l'imiter comme lui-même a été l'imitateur de Christ. 1 Corinthiens 11:1. «*Soyez mes imitateurs, comme je le suis moi-même de Christ*».

"

Beaucoup des fils n'arrivent pas à imiter leurs pères parce que plusieurs pères ne vivent pas ce qu'ils prêchent. Beaucoup des serviteurs de Dieu prêchent l'amour mais sont des véritables tribalistes. Ils prêchent la paix mais dans leur cœur renferment la haine, le mal, etc.

"

En effet, le projet de Dieu concerne plusieurs générations: des pères, fils et petit-fils. Beaucoup de pères détruisent leur onction, appel et ministère parce qu'ils sont trop pressés : ils veulent voir se réaliser à tout prix la vision que Dieu leur a donnée alors qu'ils ne sont pas en mesure de former les fils que Dieu a mis à leur disposition.

Très peu de visionnaires travaillent dans le but de laisser un héritage pour les générations futures. Cela fait que certains fils veulent être «*des fils parachutistes*» car, ils entrent dans le ministère sans passer par la formation d'un père. Ce qui est aussi très dangereux car, un fils qui n'a pas de père rend son ministère éphémère.

Et d'autres refusent la formation par des pères parce qu'ils ont été blessés et déçus par des faux pères. Je connais des fils qui ont été déçu de rencontre des pères arrogants, cupides, ivrognes, escrocs, impudiques, etc.

"

J'ai constaté que plusieurs fils qui n'ont pas eu des références exemplaires, manquent souvent de repères. Par conséquent, ils sont malheureusement amenés à reproduire les mêmes erreurs que leurs aînés dans le ministère.

"

La Parole de Dieu veut que nous soyons formés des pères. Un véritable visionnaire doit veiller à l'épanouissement de ses fils dans le ministère. Il doit concentrer son effort sur la transformation du cœur de ses fils. Il doit se dépouiller pour enrichir son fils.

Succinctement, le père est un berger qui prend soin des brebis ; il est prêt à donner sa vie pour leur protection (Jean 10:12-13).

Dans Juges 2:10, la Bible nous fait part des pères qui avaient failli car ils n'avaient pas laissé un héritage à leurs enfants «*Toute cette génération fut recueillie auprès de ses pères, et* ***il s'éleva une autre génération, qui ne connaissait pas l'Éternel****, ni ce qu'il avait fait en faveur d'Israël*».

Dans plusieurs églises locales, les visionnaires ignorent qu'ils ne sont pas éternels et négligent de préparer les fils qui continueront la vision après eux.

"

Je suis sûr et certain que l'ignorance des visionnaires dans la formation des fils est l'une des causes des dislocations (ruptures) des églises voire du changement de vision suite à la mort du représentant de la communauté ou du pasteur principal (titulaire).

"

Les pères doivent surtout s'assurer que les générations futures de chrétiens, des enfants engendrés dans la foi, connaîtront l'Éternel, le serviront avec dévouement et continueront la vision de Dieu.

Aussi, un véritable père doit aussi savoir partager ses bénédictions matérielles ministérielles à ses fils dans la foi car ils sont les héritiers et les fils conducteurs de la vision pour les générations futures.

L'un des constats malheureux est celui de voir que plusieurs serviteurs de Dieu ne sont pas prêts à partager les bénédictions matérielles et financières du ministère qu'ils reçoivent avec leurs coéquipiers dans le ministère. Ils pensent qu'ils méritent mieux que les autres suite au titre qu'ils occupent, suite aux efforts ou prix payer au ministère, à la croissance de l'église locale et suite à l'expérience qu'ils ont dans le ministère, etc.

- ❖ <u>**Témoignage**</u> : Dans une église locale que je servais Dieu comme évangéliste il y avait une pratique selon laquelle: la dime était pour le pasteur ; (l'offrande de remerciement: mariage, naissance, protection, promotion, etc) étaient uniquement pour les anciens de l'église avec le pasteur. Et pour les autres offrandes c'est-à-dire ce que nous appelons malheureusement en Swahili « *sadaka ya kawahida* » donc «*offrande habituel*», il y avait 60% pour le pasteur titulaire, 10% pour la représentation (siège social de la communauté) et 30% à partager pour les restes de serviteurs de Dieu.

Par ce témoignage ci haut, j'ai constaté que plusieurs églises locales sont conduites de la sorte. Et une fois de plus c'est la raison des séparations dans l'église et de la multiplicité des églises dans mon pays la RDC. Tout le monde veut créer son église pour établir ses règles et percevoir l'offrande. Cela fait que beaucoup des églises sont gérées comme des véritables entreprises.

Chapitre I

LE PERE: VISIONNAIRE, DE GRANDE VISION, IMPRUDENT, RIVAL ET LE PERE CLERICALISTE

Dans ce chapitre, nous parlerons des différents types des pères d'une manière successive.

1. PERE VISIONNAIRE: DAVID

En lisant 1 Chroniques 28:1-6 nous pouvons voir que David reçut la vision de bâtir une maison pour Dieu mais c'est son fils Salomon qui l'a construite. Comme père vous devriez savoir que certaines visions seront accomplies par vos fils.

David a compris que certaines choses seront faites par lui et d'autres non. Un père visionnaire doit développer cette qualité et cela permet de ne pas être orgueilleux comme ministre.

"

Il y a des choses que le père va faire dans le présent et des choses que Dieu a réservée pour les fils de faire.

"

Les pères doivent faire comme David, et tout mettre en œuvre pour que les fils n'aient pas trop de difficultés à accomplir les œuvres de Dieu. David avait effectivement tout préparé afin que Salomon construise sans peine la maison de Dieu (1 Chroniques 29).

2. PERE VISIONNAIRE: MOÏSE

Comme David, Moïse est aussi l'image d'un visionnaire. Il a été au centre de la délivrance du peuple d'Israël hors d'Égypte ; il peut être comparé au «chef de leur salut».

Moïse devait construire le tabernacle selon le modèle que Dieu lui avait montré sur la montagne. Moïse avait vu le tabernacle céleste, c'est-à-dire la nouvelle Jérusalem, et devait construire une copie identique à l'original. Cependant, ce n'est pas Moïse qui construira le tabernacle mais c'est Betsaleel et Dieu lui avait doté des aptitudes artistiques afin de confectionner les ustensiles du tabernacle.

Un père doit laisser certaines charges à ses fils. Il ne doit pas tout faire. Il doit prier que Dieu lui donne des fils fidèles, rempli de l'Esprit de Dieu, de sagesse, d'intelligence.

Exode 31:2-5, «*Sache que* ***j'ai choisi Betsaleel, fils d'Uri, fils de Hur, de la tribu de Juda.*** *Je l'ai rempli de* ***l'Esprit de***

Dieu, de sagesse, d'intelligence, et de savoir pour toutes sortes d'ouvrages, je l'ai rendu capable de faire des inventions, de travailler l'or, l'argent et l'airain, de graver les pierres à enchâsser, de travailler le bois, et d'exécuter toutes sortes d'ouvrages».

Lorsque Dieu vous appelle qui mettre à vos côtés des hommes et des femmes qui seront pour vous d'une grande utilité. Dieu ne laisse jamais sa vision sur la route.

"

Dieu n'est pas un bâtisseur des maisons inachevées.

"

3. PERE DE GRANDE VISION: PROPHETE ELIE

Le prophète Élie était le grand prophète de son époque. Déjà dans 1 Rois 19:19, Elie en jetant son manteau à Elisée cela était une forme d'appel comme fils. Après avoir jeté son manteau a Elisée (symbolisme de l'appel), ce dernier le suivi comme fils spirituel.

Elie avait besoin forcement de continuer sa vision en formant un fils qui va continuer la vision.

Elie avait tellement besoin de laisser à son fils Élisée quelque chose qu'il lui a demandé à de lui réclamer tout ce qu'il veut.

Elie avait tellement besoin de faire continuer la vision par son fils Elisée qu'il lui demandera en ses termes: « ... ***Demande ce que je ferai pour toi avant que je sois enlevé d'avec toi.*** *Et Elisée dit: qu'il y ait je te prie,* ***une double mesure de ton esprit sur moi*** » 1 Rois 2:9.

Elie était un visionnaire qui voulait que le ministère de son fils soit meilleur. Et lors de l'enlèvement d'Elie, il laissa son manteau à Elisée (1 Rois 2:11-15). Si Elie était jaloux de son fils Elisée il n'aurait pas accepté que son fils ait une double portion de son onction. Les visionnaires doivent absolument former des fils capables de les surpasser dans l'onction et dans le ministère afin de remplacer à leur mort ou à leur départ.

"

Dans plusieurs églises locales les consécrations sont devenues payantes, des transferts d'onctions payants, des bénédictions payantes, des dons spirituels payants, etc.

"

Les visionnaires ou encore les pères doivent être comme l'apôtre Jean qui se réjouissait du fait que ses enfants marchaient dans la vérité. « *Je n'ai pas de plus grande joie que ceci, c'est que* ***j'entende dire que mes enfants marchent dans la vérité*** » (3 Jean 1:4).

Le père dans la foi doit se réjouir lorsque son fils fait des progrès, et doit bannir la jalousie et l'amertume. Plusieurs pères n'aiment pas voir la gloire de Dieu se manifester en puissance dans le ministère de leurs fils. Plusieurs pères ne veulent pas voir devenir un grand prédicateur ou prophète ses fils.

"

L'église locale manque cruellement de vrais pères. Elle a besoin de véritables pères dans la foi qui aiment le peuple de Dieu au point de se sacrifier pour son épanouissement.

"

Un père doit reconnaître les capacités et le potentiel de son fils, il doit regarder ses qualités pour l'aider à s'épanouir, il doit le pousser à accomplir son potentiel et à développer ses dons. Il doit être présent pour l'encourager lorsqu'il fait des erreurs et accepter les frustrations sans l'abandonner.

Un père doit encourager son fils dans des moments difficiles.

❖ **Témoignage**: lorsque je préparais mon mariage je n'avais pas de travail. J'étais déterminé de me marier et j'ai parlé à ma famille qui n'était pas du tout d'accord avec moi. Comme je n'avais pas d'argent de la dot, j'ai demandé à l'un de mes pères dans la foi de me prêter par l'intermédiaire de ma fiancée 200$. Il me prêta l'argent mais au moment du paiement, j'avais des difficultés. Après s'être excusé et lui demander de patienter ; son attitude était directement changée envers moi et ma fiancée. Je l'écrivais sans répondre, il ne voulait plus me parler et m'accompagner dans ce projet de mariage. Petit à petit on a payé en partie son argent et il nous laissera le 70$ restants à contre cœur. Et malgré cela, il ne m'a jamais écrit pour savoir comment évoluer les préparatifs du mariage ni me fournir une aide alors qu'il savait que je n'avais plus le soutien de la famille si ce n'est qu'à compter sur l'aide de l'église. Cette attitude m'avait tellement choqué car je me sentais être rejeté par mon père !

4. UN PERE IMPRUDENT: ISAAC

Isaac voulait bénir son fils aine Ésaü avant de mourir car il était déjà vieux. Il était imprudent. L'imprudence c'est le défaut de prévoyance, de clairvoyance, de lucidité, de discernement, de perspicacité, etc.

En Droit, l'imprudence peut être définie comme c'est une faute involontaire consistant généralement en un manque de précautions, qui peut entrainer la mise en cause de la responsabilité civile et même pénale de son auteur (par exemple: coups et blessures involontaire, homicide involontaire, etc.)

Le père doit être caractérisé dans la prise des décisions d'une grande sagesse. L'imprudence d'un visionnaire est condamnable. Le père Isaac a été imprudent.

Dans Genèse 27:2-4 le père Isaac dit à son fils ainé Ésaü «... *Tu vois,* ***je suis vieux et je ne connais pas le jour de ma mort****. Maintenant, prends tes armes, ton carquois et ton arc, sors dans la campagne et tue-moi du gibier. Apprête-le-moi,* ***que je mange, afin que mon âme te bénisse avant que je meure*** ».

Isaac voulait bénir son fils Ésaü dans ses derniers moments de vie. La Bible dit qu'il était non seulement vieux et mais aussi aveugle. La bible nous dit dans Genèse 27:1: « *qu'Isaac était vieux et* ***ses yeux avait faibli jusqu'à ne plus voir*** ». (La version Bible de Jérusalem).

Aux versets 9 et 16 nous voyons comment Rebecca et Jacob vont tromper Isaac, un vieillard presque aveugle, avec deux chevreaux bien apprêtés et leurs peux pour avoir illicitement la bénédiction qui était destiné à Ésaü, le fils ainé.

Genèse 27:21-22« *Isaac dit à Jacob: Approche toi donc, que je te tâte, mon fils, pour savoir si, oui ou non, tu es mon fils Ésaü. Jacob s'approcha de son père Isaac, qui tâta et dit:* ***la voix est celle de Jacob****, mais* ***les bras sont ceux d'Ésaü!****»*.

Isaac avait perdu la vision. La vision signifie *«voir»* commençait à douter, à tâtonner ou encore à hésiter parce qu'il avait un défaut de vision. Un père doit être sur que la vision que Dieu lui avait donnée est encore intacte et qu'il en métrise encore.

Ce qui a fait qu'Isaac bénisse Jacob à la place d'Ésaü c'est par son manque de vision. Il était presqu'aveugle. Avec un âge avancé, Isaac n'avait plus la vision claire. Or, la vision est la lampe, la locomotive de notre ministère.

Isaac s'est trompé parce qu'il n'avait plus une vision claire. Luc 11:34 dit: *«Ton œil est la lampe de ton corps. Lorsque ton œil est en bon état, tout ton corps est éclairé ; mais* ***lorsque ton œil est en mauvais état, ton corps est dans les ténèbres****»*.

Les pères Isaac sont imprudents, ils attendent la vielleuse pour penser à former les fils qui continueront la vision que Dieu les a confiées ou encore pour rétablir l'église mais malheureusement ils finissent par commettre des erreurs.

"

Un ministre sans vision, le ministère est fini.

"

Les pères prudents confèrent la vision de Dieu à leur fils en étant sain d'esprit. L'erreur d'Isaac comme père était d'attendre qu'il soit vieux et incapable de faire un bon jugement.

Il y a des visionnaires qui attendent être à demi-mort pour choisir qui va continuer la vision. C'est un grand danger. Certains même sont dans l'incapacité physique de réfléchir sur cette question qu'il faut en décider pour son compte. Des pères Isaac, des pères imprudents!

5. UN PERE FAIBLE DE CARACTERE: SAMSON

Samson, qui étaient nazaréens de Dieu dès leur naissance. (Nombre 6, 121; Juges 13, 5). Le mot hébreu "*nasir*" signifie **«séparé, consacré»**.

Samson était un visionnaire et Dieu lui avait équipé pour un ministère de puissance. Cet homme avait reçu un appel puissant dès le sein de sa mère, mais sa faiblesse est qu'il était faible de caractère. Sa faiblesse résidait dans sa quête incessante de nouvelles relations charnelles.

Samson avait tout d'abord épousé une femme venant d'une tribu ennemie d'Israël, puis il avait fréquenté une femme prostituée, ce qui lui était formellement interdit. Enfin, il s'éprit de Dalila qui chercha par tous les moyens à percer le secret de sa force jusqu'à ce que Samson cède à ses instances. Et après l'avoir endormi, celle-ci lui coupa les sept tresses de cheveux dans lesquelles résidait toute sa force.

- **Les 3 choses importantes dans la vie tout ministre de Dieu que Samson a perdu:**

Samson n'est pas le type exemplaire d'un père visionnaire. L'histoire de Samson doit servir d'avertissement sérieux à chacun de nous.

1er Les 7 tresses

Les sept tresses de Samson représentaient premièrement: la sainteté à l'Eternel. Samson était nazaréen qui en hébreu signifie «*séparé, consacré*». Sept c'est le chiffre de la perfection divine et spirituelle. Dieu a achevé son œuvre de la création au septième jour et il s'est reposé le septième jour (Genèse. 2, 1-3). En Israël il y avait sept fêtes de l'Éternel (Lév. 23). Le chandelier d'or dans le lieu saint avait sept lampes (Ex. 25, 37). En Apocalypse 1, 4, le Saint Esprit est appelé les «*sept Esprits*». Le Chiffre sept représente la sainteté.

Et deuxièmement, les sept tresses de Samson représentent aussi ***la force donc l'onction de Dieu***. L'onction est toujours un type de la sanctification et de la qualification par le Saint Esprit. Dans le nouveau testament, pour l'accomplissement de son service, le Seigneur Jésus a été *«oint de l'Esprit Saint et de puissance»* par Dieu (Luc 4, 18; Actes 10, 38), et quiconque croit en son œuvre rédemptrice est également oint et scellé du Saint Esprit (2 Cor. 1, 21, 22).

En effet, tout appelé de Dieu qui tombe dans le péché perd la sainteté et l'onction de Dieu.
Les pères Samson sont faible de caractère ils jouent avec l'onction de Dieu. Ils ne comprennent pas la grandeur, l'ampleur ou encore le fardeau que Dieu a mis sur eux. Comme Samson, il pouvait aller vers les prostituer et les femmes étrangères païennes alors que l'onction aime la sainteté.

"

Lorsque vous savez le pourquoi de votre appel ; vous n'allez pas abuser de l'onction de Dieu sur vous. Un ministère sans onction n'est pas différent d'un explosif sans détonateur.

"

La Bible parlant de Samson nous dit, «***L'Éternel s'était retiré de lui***». Juges 16:20.
Dieu ne marche pas avec ceux qui vivent dans le péché et qui désobéissent à sa Parole. La force de Samson venait de l'onction du Saint-Esprit. En chutant, celle-ci (onction, sanctification, force) lui fut retirée et Samson redevint un homme ordinaire (Romains 3:23).

"

C'est la présence de Dieu dans nos vies qui fait notre force spirituelle et non nos expériences ministérielles, nos capacités physiques ou intellectuelles.

"

Tout visionnaire doit être caractérisé par une vie de sainteté. C'est cette vie qui procure de la force, la puissance dans le ministère. Or, Samson avait perdu cela. Dans Juges 16:18-19, la Bible dit: «*Dalila, voyant qu'il lui avait ouvert tout son cœur, envoya appeler les princes des Philistins, et leur fit dire : montez cette fois, car il m'a ouvert tout son cœur... Et ayant appelé un homme,* ***elle rasa les sept tresses de la tête de Samson****...*»

- Témoignage: vers l'an 2018 dans la ville de Bukavu en RDC, j'exerçais le ministère avec plusieurs autres ministres de Dieu. L'un de nous était un prophète et c'est lui que Dieu avait donné la vision de commençais l'œuvre de Dieu. Nous avions cru à la vision que Dieu lui avait donnée. nous étions unis dans la prière, le jeûne, l'amour fraternel, la parole de Dieu et le Saint-Esprit se manifestaient dans l'assemblée. Malheureusement, au fur et à mesure que l'œuvre de Dieu croissaient ; le visionnaire commençais à prendre les fidèles en otage par des fausses offrandes, des fausses prophéties pour avoir de l'argent et pire encore

comme il était célibataire, il proposait des faux mariages aux filles fidèles de l'assemblée en catimini afin avoir accès sur leurs corps. J'avais reçu le témoignage de deux filles dont il a même abusé... au fur et à mesure, toutes ces nouvelles se sont rependues. Les fidèles commençaient à partir un après l'autre. Le visionnaire avait perdu le respect, l'autorité et la considération qu'il avait sur ses fidèles et sur nous ses collègues dans le ministre. La vision était par terre et nous avons abandonné.
C'est très triste de voir qu'un visionnaire peut détruire lui-même la vision par son défaut de caractère, son défaut de brisement. Bref, par le manque d'une vie de sanctification à l'Eternel !

2e Les yeux

Dans la Bible l'œil est souvent employé comme figure de l'état intérieur de l'homme. Les yeux c'est l'image de la vision. Juges 16:21 dit que *«Les Philistins (...) lui crevèrent les yeux»*. Samson a été crevé les yeux. Il n'avait plus vision.

Le Dr. David ONYEDEPO définit la vision comme ***«le fait de voir».*** Les yeux crevés de Samson symbolisent la perte de la vision initiale que Dieu lui avait confiée. Or, quand il n'y a pas de vision, le peuple est sans frein (Proverbes 29 :18).

Tout père doit veiller sur la vision que Dieu lui a confiée. Il doit discerner jour et nuit afin de savoir s'il est encore dans la vision de Dieu. La vision est la lampe si nous la perdons, notre ministère devient stationnaire, ennuyeux et fatigant.

Luc 11:34. «*Ton œil est la lampe de ton corps. Lorsque ton œil est en bon état, tout ton corps est éclairé ; mais lorsque ton œil est en mauvais état, ton corps est dans les ténèbres*»

3ème La liberté

Apres les sept tresses et ses yeux ; Samson fut amené captif à Gaza par les Philistins et devint ainsi l'esclave de ses ennemis. Samson, un homme appelé à des grandes choses se retrouve captif (enfermé, incarcéré, emprisonné, relégué, etc.)

Juges 16:21. «*...ils le firent descendre à Gaza, et* ***le lièrent avec des chaînes d'airain. Il tournait la meule dans la prison***».

La parole de Dieu nous rend libre. La captivité de Samson est la conséquence de sa perte de la sainteté, de l'onction de Dieu et de la vision de Dieu. La captivité de Samson représente la faiblesse de caractère dans la vie de Samson.

6. UN PERE RIVAL: DIOTREPHE

J'ai constaté que beaucoup de pasteurs sont rongés par la peur de voir d'autres ministres être utilisés par Dieu. Tout autre ministre qui excelle est perçu comme un rival. Ce sentiment-là, je l'appelle: «*l'esprit de Diotrèphe*».

L'apôtre Jean dit au sujet de Diotrèphe dans 3 Jean 9-10 «*J'ai écrit quelques mots à l'Église ; mais* ***Diotrèphe, qui aime à être le premier parmi eux, ne nous reçoit point****. C'est pourquoi, si je vais, je rappellerai les actes qu'il commet,* ***en tenant contre nous de méchants propos*** *; non content de cela,* ***il ne reçoit pas les frères****, et ceux qui voudraient le faire,* ***il les en empêche et les chasse de l'Eglise***».

Les pères Diotrèphe aiment être glorifiés et recevoir plus de considération. Ils sont prêts à souiller la réputation des autres. Ils négligent les autres ministres et sont prêts à excommunier certains fils qui ne se soumettent plus à sa doctrine bien qu'elle soit contraire à la parole de Dieu.

Les pères Diotrèphe ont peur de la contradiction. Un pasteur qui est certain de son appel et de son enseignement ne doit pas avoir peur de la contradiction et imposent à leurs fils dans la foi d'enseigner tel enseignement et ne pas enseigner tel autre.

Il est regrettable de voir plusieurs pères faire guerre, la concurrence avec leurs fils. Ils veulent eux-mêmes tout faire, être visible afin d'être acclamés. Pour beaucoup de pasteurs, la chaire est si sacrée qu'ils ne veulent pas la partager avec les fils dans la foi.

A cause de la guerre, jalousie et concurrence ; la chaire de l'église est devenue pour plusieurs pasteurs un endroit règlement leurs comptes, imposer leurs idées et recruter de nouveaux adeptes.

Si les pasteurs cessaient de craindre la concurrence et s'ils laissaient d'autres personnes exceller dans leurs ministères, nos églises seraient puissantes et remplies d'ouvriers.

7. LE PERE CLERICALISTE

Le cléricalisme est l'essai ou la tentative d'accomplir tout seul l'œuvre pour laquelle Dieu vous a appelés, sans le conseil ou l'aide d'autres personnes.

Le cléricalisme est aussi l'acte par lequel vous vous placer au-dessus des autres gens plutôt que de vous considérer comme serviteur de tous.

"

Les pères qui demeurent dans le piège du cléricalisme ne pourront pas accomplir le vrai appel d'un visionnaire.

Nous trouvons ce danger dans le ministère de Moïse lorsque les israélites suivirent Moïse hors de l'Égypte pour le désert ; les manques sévères du style d'un visionnaire employé par Moïse illustrent le " *cléricalisme*".

Exode 18:13-24, « *Et il arriva, le lendemain, que Moïse s'assit pour juger le peuple ; et le peuple se tint auprès de Moïse depuis le matin jusqu'au soir ; et le beau-père de Moïse vit tout ce qu'il faisait avec le peuple, et il dit : Que fais-tu là avec le peuple ?* ***Pourquoi es-tu assis seul, et tout le peuple se tient auprès de toi depuis le matin jusqu'au soir ?*** *Et Moïse dit à son beau-père : C'est que le peuple vient à moi pour consulter Dieu. Quand ils ont quelque affaire, on vient à moi, et je juge entre l'un et l'autre, et je leur fais connaître les statuts de Dieu et ses lois. Et le beau-père de Moïse lui dit :* ***Ce que tu fais n'est pas bon. Tu t'épuiseras certainement, toi et ce peuple qui est avec toi, car la chose est trop lourde pour toi ; tu ne peux la faire toi seul.*** *Maintenant, écoute ma voix, je te conseillerai, et Dieu sera avec toi. Sois pour le peuple auprès de Dieu, et rapporte les affaires à Dieu ; et* ***enseigne-leur les statuts*** *et* ***les lois,*** *et* ***fais-leur connaître la voie dans laquelle ils doivent marcher, et l'œuvre qu'ils ont à faire.*** *Et* ***choisis d'entre tout le peuple des hommes capables, craignant Dieu, des hommes de vérité, haïssant le gain déshonnête, et établis-les sur eux, chefs de milliers, chefs de centaines, chefs de cinquantaines, et chefs de dizaines ; et qu'ils***

jugent le peuple en tout temps *: et il arrivera qu'****ils porteront devant toi toutes les grandes affaires,*** *et toutes les petites* ***affaires ils les jugeront eux-mêmes. Tu allégeras ce qui [pèse] sur toi*** *; ils le porteront avec toi. Si tu fais cela, et que Dieu te le commande, tu pourras subsister, et tout ce peuple aussi arrivera en paix en son lieu.* ***Et Moïse écouta la voix de son beau-père, et fit tout ce qu'il avait dit*** ».

Moïse voulait tout faire et accomplir à lui tout seul et son beau-père va lui donner un bon conseil en lui proposant :

- **Premièrement,** d'enseigner le peuple sur les statuts et les lois, et en les faisant connaître la voie dans laquelle ils doivent marcher, et l'œuvre qu'ils ont à faire.
- **Deuxièmement,** de choisir d'entre tout le peuple des hommes capables, craignant Dieu, et il va établir sur le peuple comme: chefs de milliers, chefs de centaines, chefs de cinquantaines, et chefs de dizaines.

"

Un visionnaire qui n'enseigne pas ses fils est un mauvais leader. Il est lui-même le destructeur de la vision que Dieu lui a confiée.

"

On forme pour envoyer à la mission. Plusieurs fils n'arrivent pas à faire l'œuvre du père parce qu'ils ne sont pas formé quant à ce.

"

Je crois avec certitudes que la plupart des pères n'arrivent pas à former des fils pour deux raisons: d'une part, parce qu'ils sont complexés envers eux ; et d'autre part, parce qu'ils sont des ignorants.

"

Les conseils du beau-père avaient pour objectif **de former des fils et de les envoyer en mission.** Tout ministre de Dieu a besoin d'un collaborateur. Le danger du cléricalisme pousse plusieurs leaders ou visionnaires à vouloir tout accomplir dans le ministère. Je les appelle: ***"les joueurs polyvalents".*** Ils font tout à la fois. Ils sont dans le département de la chorale, l'évangélisation, les finances, protocole, les visites, etc.

Tout ministre de Dieu a besoin d'être soutenu par quelqu'un d'autre. Les ministères sont complémentaires. Ils travaillent conjointement.

La Bible nous dit dans Exode 17:11-12: « *Lorsque Moïse levait la main, Israël était le plus fort ; et lorsqu'il baissait la main, Amalek était le plus fort.* ***Les mains de Moïse étant fatiguées, ils prirent une pierre qu'ils placèrent sous lui, et il s'assit***

dessus. Aaron et Hur soutenaient ses mains, l'un d'un côté, l'autre de l'autre ; et ses mains restèrent fermes jusqu'au coucher du soleil. »

Le ministère de Moïse était soutenu par d'autres ministres. Lorsque vous travaillez seul, vous serez surement fatigué. Les mains de Moïse restèrent fermes jusqu'au coucher du soleil parce qu'il y avait Aaron et Hur qui soutenaient ses mains.

Comme Moïse, tout ministre de Dieu a besoin d'être soutenu par quelqu'un d'autre. L'œuvre de Dieu devient trop lourd pour ceux qui ne veulent pas être soutenu.

Dans Éphésiens 4:11-13, l'apôtre Paul va nous montrer la complémentarité des 5 ministères dans son épître aux éphésiens en ses termes : « *et lui, a* ***donné les uns comme*** *apôtres,* ***les autres comme*** *prophètes, l****es autres comme*** *évangélistes,* ***les autres comme*** *pasteurs et docteurs ;* ***en vue du perfectionnement des saints, pour l'œuvre du service, pour l'édification du corps de Christ ;*** *jusqu'à ce que nous parvenions tous à l'unité de la foi et de la connaissance du Fils de Dieu, à l'état d'homme fait, à la mesure de la* ***stature de la plénitude du Christ*** ».

Le cléricalisme pousse plusieurs pères à travailler trop jusqu'à être fatigué. Si Moïse n'avait pas écouté les conseils de son beau-père, il épuiserait certainement, car l'œuvre de Dieu est trop lourde et personne ne peut la transporter seul.

"

Le cléricalisme est un danger pour plusieurs pasteurs. Si vous voulez tuer rapidement votre appel au ministère, travailler seul et sans collaborateurs.

"

Il a été démontré par des statistiques que vers l'an 2010 plus de 500.000 pasteurs servant aux seins des églises aux États-Unis courent le danger mortel de l'office pastoral :

– 94% de pasteurs ressentent la pression d'avoir une famille idéale, une famille de rêve (belle maison, voiture, apparence, etc). Une famille qui a tout.
– 90% de pasteurs travaillent plus de 46 heures par semaine. (Réunion de l'église, prière pour les malades, visites, réception des courriels, préparation des enseignements, etc.)
– 81% de pasteurs ont du temps insuffisant avec leurs conjoints, leurs enfants voire la grande famille.
– 80% de pasteurs croient que le ministère pastoral affecte leur famille négativement.
– 70% de pasteurs n'ont personne qu'ils considèrent comme ami intime.

- 70% de pasteurs ont l'estime de soi inférieure à celle qu'ils avaient quand ils ont débuté le ministère.
- 50% de pasteurs se sentent incapables de satisfaire les impératifs de leur travail.
- 80% de pasteurs sont découragés ou sont en traitement pour dépression.
- 40% de pasteurs souffrent d'épuisement à cause du rythme de leur programme et des objectifs irréalisables.
- 33% de pasteurs considèrent le ministère pastoral comme un risque grave pour la famille.
- 33% de pasteurs ont sérieusement songé à démissionner surtout dans des temps de crise.
- 40% des démissions pastorales sont dues à l'épuisement et aux regrets.

Ces statistiques suffisent amplement pour prouver que le pasteur ou le visionnaire ne doit pas être le personnage principal dans la vie de ses fidèles.

Chapitre II

PRINCIPE DE L'HONNEUR DU AUX PERES

Il y a un principe biblique, dont on ne peut pas s'en passer dans la marche chrétienne, c'est celui qui consiste « *à honorer les pères et mères dans la foi*».

Comme nous l'avions dit précédemment, le père est celui qui engendre, qui donne la vie et qui protège la vie.

Il y a un commandement, bien connu, qui est à la fois une promesse dans l'Ecriture : « ***Honore ton père et ta mère***, *comme l'Eternel ton Dieu te l'a commandé*, ***afin que tes jours soient prolongés, et afin que tu prospères sur la terre que l'Eternel ton Dieu te donne***. » Ephésiens 6 : 2

Ce principe d'honorer « les pères et mères » concerne à la fois nos parents dans la chaire (père, mère, oncle, tantes, etc). Il concerne aussi nos parents spirituels c'est-à-dire, ceux qui nous ont ou nous apportent une nourriture spirituelle qui nous permet de grandir. Comme un père est supposé le faire : pour pourvoir aux besoins de ses enfants pour leur permettre de manger et ainsi de grandir normalement, pour nous aider à transformer notre vie, à façonner qui nous sommes.

1. DISTINCTION: PERE SPIRITUEL ET MENTOR

Au début de ce livre, je n'avais pas prévu ce point ; c'est vers la fin de la rédaction du livre que l'esprit m'a poussé à dire quelque chose sur cette notion.

a) PERE SPIRITUEL

Le rôle d'un père ou d'une mère n'est pas seulement limité à celui de simple "*géniteur*". Tout le monde a besoin d'un accompagnement spirituel.

« *C'est comme l'huile précieuse qui, répandue sur la tête, Descend sur la barbe, sur la barbe d'Aaron, Qui descend sur le bord de ses vêtements* ». Psaumes 133:2.

Ce principe spirituel voudrait que certaines bénédictions, certaines grâces, certains dons venant de Dieu sur ta vie ne puissent pas descendre directement du ciel, mais Dieu les dépose sur la vie d'une ou plusieurs personnes appelés «***des pères***».

Un père spirituel est celui qui amène quelqu'un d'autre à la foi. En d'autres mots, le père spirituel peut être une personne (homme ou femme) au travers laquelle vous aviez été prêché l'évangile et qui t'a conduit au salut en Jésus-Christ. Et que par conséquence vous avez décidé qui soit pour vous un père spirituel. Il faut savoir trouver celui qui nous correspond le mieux. Pour arriver à cela, il faut prier, demander au Seigneur de nous guider vers un accompagnateur adapté.

Un père inspire son enfant qui prend ses traits de caractère, c'est-à-dire, à l'imite. Dans Galates 4:19 l'apôtre Paul dit: « *Mes enfants, pour qui j'éprouve de nouveau les douleurs de l'enfantement,* ***jusqu'à ce que Christ soit formé en vous*** ».

Nous pouvons voir ici l'objectif de Paul qui était d'imprégner la personnalité de Jésus dans ses fils spirituels.

L'apôtre Paul est un bon exemple de père spirituel comme on peut le voir avec Timothée. En effet, être père au naturel comme au spirituel n'est pas une fonction facile. Il n'y a pas de croissance sans combat.

L'apôtre Paul se peiner du manque des pères spirituels à l'église de Corinthe. En lisant 1 Corinthiens 4:15, il est dit: « *Car, quand vous auriez dix mille maîtres en Christ,* ***vous n'avez cependant pas plusieurs pères, puisque c'est moi qui vous ai engendrés en Jésus-Christ par l'Evangile.*** »

Un père spirituel est aussi être une personne (homme ou femme) que vous reconnaissez comme ayant une autorité spirituelle sur vous, une personne qui vous encadre sur le plan spirituel, une personne à qui vous vous confiez et dont vous recevez des conseils et réprimandes. On n'a pas deux ou trois pères. On n'a qu'un seul père spirituel.

"

Le père de ton père spirituel n'est pas ton père spirituel mais il a droit à la considération et au respect attaché aux pères.

"

NOTA BENE: Ce n'est pas parce qu'une personne vous ait baptisée qu'il devient d'office votre père spirituel. Ce n'est pas parce qu'un serviteur de Dieu devient pasteur titulaire d'une église locale dont vous communier qui fait de lui ipso facto votre père spirituel sinon en cas de permutation d'un nouveau pasteur titulaire vous aurez un nouveau père spirituel et ainsi de suite! On n'a qu'un seul père.

Un père spirituel est une personne dont Dieu te pousse à aller vers lui et à faire de lui votre intime et guide dans la foi. Cette personne peut être votre pasteur, votre père biologique, votre époux, etc. Mais ce n'est pas une personne qu'on vous impose ou exige. C'est une personne que Dieu met sur votre chemin et vous dit d'aller vers lui.

Néanmoins, cela ne veut pas dire que vous ne pouvez pas demander une aide d'exhortation et de prière à votre pasteur de l'église locale, à des serviteurs de Dieu œuvrant dans l'église ou encore de les sous-estimé parce qu'il n'est pas votre père spirituel, non.

NOTA BENE: j'ai constaté que certains doctrines s'appuient sur le verset suivant pour contredire la notion du père spirituel: « *Et **n'appelez personne sur la terre votre père**; car un seul est votre Père, celui qui est dans les cieux.»* Matthieu 23:9.

Avoir un père spirituel ne veut pas dire qu'il se substitue (remplace, succède, représente) à Jésus-Christ, non. Il ne faut jamais adorer un père spirituel. Dans le livre de l'apocalypse, l'apôtre Jean lorsqu'il voulut adorer l'âge, l'ange refusa car il savait que l'adoration n'est réservée qu'à Jésus-Christ seul.

Apocalypse 19:10, *«Et je tombai à ses pieds pour l'adorer ; **mais il me dit: Garde toi de le faire! Je suis ton compagnon de service**, et celui de tes frères qui ont le témoignage de Jésus-Christ...»*

Le père spirituel n'est ni le petit Jésus ni son intermédiaire. Vous ne devrez jamais donner à votre père spirituel la place de Christ. Un véritable père spirituel présente Jésus-Christ à ses fils et non sa personne et ses mérites. Jésus-Christ est notre parfait et véritable modèle. C'est très important !

"

Ne vous mettez jamais sous un père auquel vous ne vous soumettrez pas, cela peut vous détruire. Ne murmurez pas contre votre père. Si vous ne voulez plus de votre père, allez le voir parler lui et demander sa bénédiction pour partir.

"

b) MENTOR SPIRITUEL

Un mentor, c'est donc *«un coach»*, cela peut se trouver dans n'importe quel domaine de la vie, pas seulement dans la vue chrétienne il n'est pas nécessairement non plus d'être la personne qui a initié l'autre dans ce domaine particulier, si tel est le cas, on pourrait parler d'un père spirituel, un père géniteur dans la foi.

Le mentor, c'est une personne ressource qui vous communique son expertise pour vous aider à éviter des erreurs et vous faire progresser plus efficacement. Il est une personne qui t'inspire. Généralement c'est une personne éloignée de nous du point de vue géographique. C'est une personne qui t'apporte une valeur ajouté dans la vie chrétienne. Il nous inspire par ses enseignements, prédications, livres (écrits), par sa façon d'exercer le ministère, dans la dimension de l'onction qui repose sur son ministère, etc.

Le mentor peut être plus âgé ou plus jeune physiquement que la personne parrainée, mais il ou elle doit avoir un certain domaine d'expertise plus pousse, une connaissance plus avancée et une expérience plus riche.

"

Le fait d'avoir plusieurs mentors spirituels n'est pas synonyme de l'immaturité ou de l'instabilité spirituelle. On peut avoir plusieurs mentors mais un seul père spirituel.

"

Moi qui vous ai écrit ce livre, j'ai au moins quatre mentors spirituels: Apôtre Roland Dalo, Apôtre Marcello Tunani, Prophète Joël Francis, Shora Kwetu, et le Révérend Espérance Mbakadi. Mais j'ai un seul père spirituel: le Bishop Sakodi Petro.

Un mentor n'est pas nécessairement un père spirituel alors qu'un père spirituel peut en même temps être un mentor. Jésus était à la fois le père spirituel et le mentor de ses 12 disciples.

Retenons aussi que le mentorat ça peut être pour un temps mais un père est en principe pour toute la marche chrétienne. Il faut absolument que vous sachiez la place de chacun pour vous. Beaucoup des gens sont ignorant du fait que le manque de respect de ces principes peut te retarder spirituellement voir même te détruire.

"

J'ai constaté que la plupart des pères et mentors abusent de leur pouvoir d'autorité sur leurs fils spirituels. Je connais des pères qui utilisent leur influence pour manipuler leurs fils dans la foi.

"

Le père spirituel ou le mentor ne doit jamais prendre la place de Dieu. Ils sont remplaçables en cas de défaillance. La bonne gérance de ses deux personnes (père et mentor) va vous conduire très haut dans la destinée, d'où l'importance de bien choisir ses leaders (père et mentor) quand on entre dans le ministère, et de bien définir les relations de l'autorité que nous avons avec ces personnes (père et mentor) car, il est regrettable de constater que plusieurs chrétiens prier au nom de leur père spirituel.

❖ **Témoignage:** Dans certaines églises locales il y a une mauvaise coutume qui consiste à prier au nom du Dieu de l'homme de Dieu. Et d'autres églises locales ont vous exige à citer le nom du Dieu de l'homme de Dieu. *Exemple: « Je rends gloire au Dieu du Révérend Pasteur Yanick X ; Je prie au nom de Dieu du Prophète des nations Philipe Y... ».* Toutes ses pratiques font que les fidèles se penchent plus vers leurs pasteurs comme rédempteur qu'a Jésus-Christ le véritable.

La bible ne nous dit pas de prier au nom d'un pere spirituels ni au nom d'un pasteur, apôtre, évangéliste, docteur, prophète quelconque. Le serviteur de Dieu ne doit pas prendre la place de Dieu. Le seul nom que nous devons prier est Jésus-Christ, le seul nom que nous devons louer ou adorer est celui de Jésus-Christ.

Dans le nouveau testament nous n'avons qu'un seul nom, Jésus-Christ. Les apôtres n'ont jamais fait citer leurs noms (au nom de Dieu de Paul, Jean, Marc, Luc, etc) mais le seul nom a été cité dans des moments de louanges, adorations, guérisons, miracles, prières, etc. c'est celui de JESUS-CHRIST. Alléluia!

- *« Alors Pierre lui dit: Je n'ai ni argent, ni or ; mais ce que j'ai, je te le donne: **au nom de Jésus-Christ** de Nazareth, lève-toi et marche»*. Actes 3:6.
- *«... C'est par le **nom de Jésus-Christ** que vous avez été crucifié, et que Dieu a ressuscité des morts...»* Actes 4:10.
- *«... Je t'ordonne, au **nom de Jésus-Christ**, de sortir d'elle. Et il sortit à l'heure même»*. Actes 16:18.

On vous exige de prier au nom du Dieu de l'homme de Dieu X ou Y, alors que la parole de Dieu nous a donné un seul nom, JESUS-CHRIST.

Chapitre III

LES CRITERES D'IDENTIFICATION D'UN VERITABLE PERE ET D'UN VERITABLE FILS

La Bible nous dit dans Proverbes 12 : 15 « *La voie de l'insensé est droite à ses yeux, Mais* ***celui qui écoute les conseils est sage.*** »

L'identification d'un père ou d'un mentor ne doit pas être prise à la légère. On a tous besoin d'un conseiller, de quelqu'un qui nous guide quel que soit notre domaine d'activité ou ce que l'on fait. Parce les vrais pères, mentors et fils ça ne court pas les rues. Voici donc quelques critères de reconnaissance.

1. LA CRAINTE DE DIEU

La bible dit dans Psaumes 111 : 10 « ***La crainte de l'Eternel est le commencement de la sagesse;*** *tous ceux qui l'observent ont une raison saine. Sa gloire subsiste à jamais*».

Jésus n'était pas dans la fraude. Jésus n'était pas dans la fausseté. Dans 1 Pierre 2:22-23, Pierre nous dit que Jésus n'avait point commis de péché et dans sa bouche il n'y avait point de fraude. Il ne fraudait pas. Il était véridique. Dans sa bouche il n'y avait que la vérité. Dans sa bouche il n'y a que la vérité. Il voyait les gens il leur disait la vérité en face, n'en déplaise aux gens. Il n'y avait pas de fraude, pas de propos détournés, pas de comportement détourné.

Or, aujourd'hui, plusieurs serviteurs de Dieu vivent dans des mensonges, dans la fraude. La sainteté n'est pas seulement de fuir l'impudicité, la sainteté c'est être aussi juste envers tes collaborateurs dans le ministère dans le partage du part à l'autel. La sainteté n'est pas seulement ne pas voler, la sainteté c'est aussi le refus de gagner de l'argent illégalement (un commercent qui ment sur l'origine du produit, qui vend des produits périmés, les produits qui proviennent du vol, qui exagère sur le prix pour gagner plus, les fausses prophéties, les fausses offrandes, etc).

Il y a trois types de sainteté:

1er. La sainteté de principe (de base)

On peut appeler ça aussi " *la sanctification personnelle*". C'est celle que nous avons reçue lorsque nous nous sommes convertis. C'est la sainteté que Christ nous a acquises sur la Croix.

Hébreux chapitre 10 verset 14 dit: « *Par une seule offrande* ***il a amené à la sanctification pour toujours ceux qui sont sanctifiés.***»

Le jour où nous l'avons reçu (Jésus-Christ comme seigneur et sauveur), nous avons été sanctifiés c'est à dire mis à part. Nous avons été déclarés saints c'est-à-dire ton corps, ton esprit, et ton âme ont été mis à part pour servir Dieu.

Le mot sanctifié, sanctification en grec ou en hébreu signifie littéralement être mis à part d'abord. Dieu vous a sorti d'un monde de péché et il vous a mis dans un monde de lumière pour que vous puissiez maintenant marcher avec lui. Voilà pourquoi les chrétiens on les appelle saints. Le mot saint ici veut dire simplement mis à part. C'est-à-dire des personnes qui ont été mises à part pour servir Dieu. C'est-à-dire sanctifiés, être mis à part.

C'est ainsi que Jésus dit dans Jean 15:19 « *Vous êtes dans le monde* ***mais vous n'êtes pas du monde*** ». Cela veut dire que le monde ne doit pas nous influencer, notre mentalité ne doit pas être remplie du monde.

Lors du choix d'un père ou d'un mentor, il faut s'assurer que c'est une personne née de nouveau. Prêcher, chanter, entrer à l'église, etc. ne signifient pas d'une personne est réellement née de nouveau. Une personne née de nouveau est celle qui est née de l'esprit (baptisée de l'esprit). Le baptême est la figure de notre ensevelissement avec Christ en vue de la résurrection à venir.

Le baptême a aussi une signification en rapport avec la position du chrétien sur la terre. Le Seigneur Jésus dit en Marc 16, 16: «*Celui qui aura cru et qui aura été baptisé sera sauvé; et celui qui n'aura pas cru sera condamné*». Pour l'éternité, seule est nécessaire la foi en l'œuvre rédemptrice. Celui qui croit est sauvé, celui qui ne croit pas s'en va dans la perdition éternelle.

Cependant, quant à notre position sur la terre, le baptême est le signe déterminant du fait que nous sommes du côté de Christ, du Sauveur. C'est pourquoi Pierre dit aux Juifs: «*Repentez-vous, et que chacun de vous soit baptisé au nom de Jésus Christ, en rémission des péchés*» Actes 2, 38.

C'est aussi pour cette raison qu'Ananias a pu dire à Saul: «*Lève-toi et sois baptisé, et te lave de tes péchés*» Actes 22, 16.

Grosso modo, le baptême chrétien a ainsi un double sens: D'une part **il est un symbole de l'ensevelissement du vieil homme pécheur, crucifié avec Christ** (c'est-à-dire, la sanctification de principe ou encore de base); d'autre part, relativement à notre position terrestre, **il nous amène du côté d'un Christ hors du monde** (sanctification de tous les jours).

NOTA BENE: La religion ne peut pas régénérer quelqu'un. Rites, cérémonies et croyances diverses sont superficiels. Mais Jésus sauve ! Sa vie communique une nouvelle naissance. Vous pouvez vous affilier à une église. Mais il vous faut ***«renaître»*** pour recevoir le Salut qui vient de Dieu. Ce miracle aura lieu en vous quand vous aurez la foi et croirez les dires de la bible au sujet de ce que jésus a fait pour vous sur la croix. « *La foi vient de ce qu'on entend, et ce qu'on entend vient de la parole de Christ.*» Romain 10:17 voilà ce que jésus a accompli pour vous.

2e. La sainteté de tous les jours

Cette sainteté-là, c'est à vous de la poursuivre. Voilà pourquoi la Parole nous *dit « Mais, puisque celui qui vous a appelés est saint,* ***vous aussi soyez saints dans toute votre conduite...***». 1 Pierre 1:15.

Dans toute votre conduite de tous les jours, soyez saints ! Soyez saints ! C'est ce que la Parole nous dit.

NOTA BENE: Vous ne pouvez pas vous sanctifier si vous n'aviez pas reçu la première sanctification (sanctification de principe, de base), celle qu'on reçoit grâce à l'œuvre de la Croix, quand on reçoit Jésus. Mais une fois que vous avez reçu Jésus, vous devrez grandir dans la sanctification. Nous pouvons nous sanctifier parce que Christ nous a donné la force.

Cette deuxième sanctification (la sainteté de tous les jours) à un rapport avec nos sens (la vue, l'odorat, le toucher, l'ouïe et le gouter). Les 5 sens de l'homme est une voie que le diable que le diable utilise pour pousser les enfants de Dieu au péché.

Voilà pourquoi dans 1 Jean 2, la Bible nous dit que la convoitise est dans le monde. N'aimez pas le monde ni les choses qui sont dans le monde car ce qui est dans le monde c'est le péché. On nous parle de la convoitise de la chair. La chair, nous dit Galates 5 : 16 à 21 à des désirs contraires à ceux de l'esprit. Il y a toujours une lutte entre la chair et l'esprit.

3e. La rédemption totale

C'est le troisième type de la sanctification. Il s'agit de l'incorruptibilité totale du corps, de l'âme et de l'esprit lorsque nous serons auprès du Seigneur.

En lisant dans 1 Jean 3, Jean nous dit que lorsque Christ reviendra **nous le verrons tel qu'il est.** Nous aurons des corps glorieux comme Paul nous dit dans 1 Corinthiens 15. C'est-à-dire, les boiteux seront guéris, les aveugles seront guéris. **Nous aurons des corps glorieux, des corps glorifiés.**

Hébreux 12 : 14 il est dit « *Sans la sanctification personne ne verra le Seigneur* ». La Bible dit « *Recherchez la paix avec tous et la sanctification sans laquelle personne ne verra Dieu* ».

Le père ou encore le mentor doit être une personne qui marche selon les voies de Dieu.

Il peut arriver qu'une personne soit remplie de l'expérience, être prête à vous accompagner mais qu'elle manque la crainte de Dieu *(une vie de la sanctification).*

2. LE FRUIT DE L'ESPRIT

Les fruits de l'Esprit sont des signes d'une vraie conversion et tous les chrétiens sont appelés à tous les porter. Il n'est pas dit que Dieu a donné à l'un la joie, à l'autre l'amour, à un autre la paix, à un autre la patience, à un autre la bienveillance, à un autre la douceur, à un autre la foi ou la fidélité, etc. Nous sommes appelés à porter tous les fruits de l'Esprit sans exception.

Les fruits de l'Esprit sont les preuves qui authentifient les vrais chrétiens. Ainsi, tout vrai père ou mentor doit être reconnu pas le fruit qu'il porte en lui.

Jésus nous avertit dans Matthieu 7:16-20 « ***Vous les reconnaîtrez à leurs fruits****. Cueille-t-on des raisins sur des épines, ou des figues sur des chardons ? Tout bon arbre porte de bons fruits, mais le mauvais arbre porte de mauvais fruits. Un bon arbre ne peut porter de mauvais fruits, ni un mauvais arbre porter de bons fruits.* ***Tout arbre qui ne porte pas de bons fruits est***

coupé et jeté au feu. C'est donc à leurs fruits que vous les reconnaîtrez».

Les pères ainsi que les enfants de Dieu sont reconnus par leurs fruits l'Esprit) et non par les dons spirituels. Plusieurs pères et mentors ont des dons mais manquent le fruit de l'esprit alors que nous recevons les caractères de Christ que par le fruit de l'esprit.

L'apôtre Paul présente dans galates 5:22 neuf fruits de l'Esprit-Saint: « *Mais le fruit de l'Esprit, c'est l'amour, la joie, la paix, la patience, la bonté, la bénignité, la fidélité, la douceur, la tempérance* ».

Expliquons un peu les neuf fruits de l'Esprit:

1er. L'amour

C'est le fruit par excellence car Dieu est amour (1 Jean 4:8). C'est l'amour, fruit de l'Esprit, qui nous donne de la valeur et non les dons spirituels. L'amour est une personne et cette personne est le Père du Seigneur Jésus-Christ, le Dieu tout-puissant. La nature de Dieu est visible dans la vie de quiconque reçoit Jésus. Une fois que l'on a reçu l'amour du Père, il est plus facile d'aimer son prochain comme soi-même.

Les Grecs utilisaient plusieurs mots pour dire *«amour»*, selon la force et la nature de l'amour en question. En français, il existe un seul mot pour parler de l'amour, et c'est pour cela qu'on les traduit tous par le même mot.

Il est donc intéressant de savoir quels sont les différents mots que les grecs employaient pour parler de l'amour ainsi que leurs nuances.

Notons 4 types d'amours:

- <u>L'Amour (Éros)</u>

Il s'agit de l'amour passionné que nos sens peuvent provoquer. Il a donné en français *«érotique»*. Le mot érotisme provient d'Éros. Il s'agit de l'attirance physique qu'un homme peut éprouver pour une femme ou une femme pour un homme. C'est ce mot que les Grecs utilisaient pour parler du *«coup de foudre»* ou de la *«séduction»*.

- <u>L'Amour (Storgê)</u>

Il s'agit, premièrement, de l'amour familial, c'est-à-dire de la tendresse naturelle que chacun éprouve pour les membres de sa famille charnelle. Deuxièmement, il s'agit de l'amitié au vrai sens du mot, c'est-à-dire de la tendresse née entre deux personnes qui se considèrent comme de la même famille alors qu'ils n'ont aucun lien de parenté.

– L'Amour (Philos ou Phileo)

C'est l'amitié fraternelle. Il s'agit de l'affection que chacun de nous peut avoir pour quelqu'un de sympathique que l'on fréquente régulièrement et pour qui l'on a de la bienveillance. Il peut s'agir d'un collègue de travail, d'un camarade de classe, etc.

Autrement dit, l'amour phileo, c'est un amour qui aime seulement celui m'aime et qui hait celui qui me hait.

– L'Amour (Agapè)

Il s'agit de l'Amour dans le sens le plus noble et le plus solide, d'où le fait qu'il soit souvent écrit avec un «A» majuscule. C'est un Amour totalement divin, actif et désintéressé. Il est sincère, et indestructible.

Cet amour est répandu dans les cœurs des chrétiens par le Saint-Esprit (Romains 5:5). Il peut englober les trois autres, leur donnant ainsi à chacun sa noblesse et sa solidité. Il est capable, par la simple volonté, de dépasser le cadre des trois autres et de s'appliquer à des personnes peu fréquentées ou inconnues.

Il peut enfin détruire progressivement la haine éprouvée pour quelqu'un. C'est ce mot qui est utilisé dans le Nouveau Testament lorsqu'on parle de l'Amour de Dieu pour les hommes (Jean 3:16), de l'Amour des chrétiens pour Dieu et de l'Amour que les chrétiens doivent manifester les uns envers les autres et de l'amour que les chrétiens doivent manifester envers ceux qui ne connaissent pas Dieu. Cet amour est aussi traduit par «*charité*».

En effet, avec l'amour agapè on ne peut pas aimer Dieu et haïr son prochain. De la même façon on ne peut pas aimer son prochain et haïr Dieu. Avec cet amour, on peut aimer celui qui vous hait et même mon pire ennemi.

L'amour selon 1 Corinthiens 13 « **n'est point envieux**, l'amour **ne se vante pas**, il **ne s'enfle pas d'orgueil**, il **ne fait rien de malhonnête**, il **ne cherche pas son intérêt**, il **ne s'irrite pas**, il **ne soupçonne pas le mal**, il **ne se réjouit pas de l'injustice**, il **se réjouit de la vérité**, il **est patient**, il **est bon**, il **excuse tout**, il **croit tout**, il **espère tout**, il **supporte tout**, il **ne passera jamais**.»

L'amour est le caractère de Christ. Les pères doivent avoir de l'amour afin d'engendrer des fils qui vont imiter leurs marches.

Beaucoup de chrétiens ont de la haine les uns envers les autres et ses disent avoir de l'amour, c'est faux!

"

Alors que les ivrognes réparent leurs problèmes devant une bouteille de whisky, les chrétiennes gardent de la haine envers leurs frères et sœurs avec la bible à la main.

"

❖ <u>Témoignage</u>: Une fois j'ai été invité dans une église pour la prière ; lors du culte la personne qui dirigeait la prière (le serviteur de Dieu) va demander à l'assemblée en ses termes: *«prendre un papier et vous allez écrire les noms des gens que vous savez et que vous suspecter comme étant des sorciers qui bloquent ta vie. Nous alors faire une prière pour les détruire, les bruler et tuer tes ennemis. Ses gens-là qui bloquent ton foyer, tes enfants, ton travail, etc. Tes ennemis doivent mourir tes ennemis, même si c'est tes familiers tes parents...».*

"

Plusieurs serviteurs de Dieu par des mauvaises enseignements, rendent leurs fidèles des véritables haineux envers leurs mari(e)s, enfants, famille et entourage au nom du combat spirituel.

"

Comme l'a affirmé le Prophète Merveille MIKAJO dans l'un de ses enseignements: *« tu portes des habits de secondes mains en provenance de l'Europe, connaisses-tu l'état d'âme de ceux qui les ont portés avant toi ? Mais pour aider ton frère tu veux savoir son état d'âme. C'est regrettable! ».*

Au lieu d'apprendre l'église l'amour, on l'apprend haine. Or, les conséquences de la haine sont les médisances, les critiques, la calomnie, le meurtre, les divisions, la rébellion, les troubles, le tribalisme etc. c'est ce que nous observons dans plusieurs églises locales.

2e. La joie

Joie se dit en grec «**gil**» et veut dire «sauter, bondir de joie», «**simhah**» ou «**sameah**» signifie «briller» ou «être lumineux», et enfin le terme grec «**chara**» se traduit par «joie intense».

Le mot traduit par «joie» en français recouvre plusieurs mots hébreux ou grecs qui ont des significations différentes et importantes pour saisir le sens profond de la joie. Ce mot est de la même famille que «**charis**», c'est-à-dire «la grâce». Nous pouvons donc dire que la joie découle de la grâce. La joie est aussi un fruit de l'Esprit de Dieu puisqu'Il nous commande d'être toujours joyeux (1 Thessaloniciens 5:16).

La joie accompagne tous ceux qui sont disciples de Jésus-Christ, car tous ceux qui marchent par l'Esprit de Dieu sont fils de Dieu et la joie leur est donnée par le Saint-Esprit. «*Et les disciples étaient* ***remplis de joie*** *et du Saint-Esprit*» Actes 1:52.

La joie c'est le fait de toujours entretenir des paroles, des pensées, des sentiments et des actions qui soient : positifs ; porteurs de beauté ; porteurs d'espoir et d'espérance ; porteurs de confiance (et non de peur ou de méfiance).

3e. La paix

Le terme «*paix*» vient du grec ***«eirene»***, qui est l'état tranquille de l'âme assurée de son salut à travers Jésus-Christ. Le contraire de la paix, c'est le trouble, l'agitation, etc.

La paix du cœur n'est rien d'autre que la confiance, l'apaisement, l'assurance ou la foi dans le Dieu qui ne ment jamais. L'argent ne peut procurer cette paix que seul le Saint-Esprit donne. Un homme peut avoir toute la richesse du monde et manquer de paix. Cette paix est le contraire de la peur. Dans le livre des Psaumes 29, David dit : «*l'Éternel est mon berger ; je ne manquerai de rien...*»

La paix c'est le fait de « *tourner l'autre joue* », de répondre au mal par le bien, par des solutions constructives, par l'ordre, la discipline, la stabilité, le respect de la nature *(ne pas aller contrenature).* **Beaucoup de chrétiens perdent la paix du cœur à cause des paroles des hommes.**

Si nous avons fait la paix avec Dieu, nous devons aussi faire la paix avec notre prochain. On ne peut pas dire avoir fait la paix avec Dieu et haïr son frère.

Le Seigneur nous donne un ordre *«Recherchez **la paix avec tous**, et la sanctification, sans laquelle personne ne verra le Seigneur»* Hébreux 12:14. Cet ordre est clair et précis : Recherchez la paix avec tous. Il n'est pas dit avec vos amis seulement mais avec tous. C'est-à-dire même avec les personnes qui sont dures et méchantes. Jean dit : *«Si quelqu'un dit : J'aime Dieu, et qu'il haïsse son frère, c'est un menteur ; **car celui qui n'aime point son frère qu'il voit, comment peut-il aimer Dieu qu'il ne voit pas ?»*** 1 Jean 4:20.

Le Seigneur nous a laissé deux commandements : « ***Tu aimeras le Seigneur ton Dieu de tout ton cœur, de toute ton âme, de toute ta pensée, et de toute ta force.*** *C'est là le premier commandement. Et voici le second qui lui est semblable :* ***Tu aimeras ton prochain comme toi-même*»** (Marc 12:30-31).

"

Certains pères disent aimer le Seigneur alors qu'ils sont remplis de haine contre leur prochain *(collègues ministériels).* ***D'autres pères ont décidé de ne pas pardonner à ceux qui leur ont fait du mal.***

"

Beaucoup des pères sont des conflictuels, des semeurs de troubles, avec ses collègues des ministères. L'amour est le caractère de tout Père spirituel ainsi que enfant de Dieu.

Dans Matthieu 18:22, le Seigneur a dit à Pierre qu'il devait pardonner jusqu'à "*soixante-dix fois sept fois*".

Romain 12:14 dit: «***Bénissez ceux qui vous persécutent*** ; ***bénissez, et ne maudissez point***».

Jésus dit dans Matthieu 5:23 «*Si donc tu apportes ton offrande à l'autel,* ***et que là tu te souviennes que ton frère a quelque chose contre toi, laisse là ton offrande devant l'autel, et va-t'en premièrement te réconcilier avec ton frère*** ; *et après cela viens, et présente ton offrande*».

4e. La patience

La patience c'est la capacité de tolérer les imperfections, les contrariétés et les contretemps, et aussi la capacité d'attendre, parfois très longtemps, ce que l'on désire. Ce fruit nous empêche de murmurer contre Dieu à cause de nos souffrances. Il doit être manifesté pendant la souffrance. «*Heureux l'homme* ***qui supporte patiemment la tentation*** *; car, après avoir été éprouvé, il recevra la couronne de vie, que le Seigneur a promise à ceux qui l'aiment*» (Jacques 1:12).

Ne faisons pas comme Moïse qui voulut répondre à l'appel avant la fin du temps de gestation, ce qui provoqua le rejet de ses frères (Exode 2:11-15).

Les dix vierges de Matthieu 25 s'étaient assoupies et endormies parce qu'il leur manquait la patience. «*Comme l'époux tardait, toutes s'assoupirent et s'endormirent*» Matthieu 25:5.

Le contraire de la patience, c'est l'impatience ou la précipitation.

5e. La bonté

C'est la qualité qui consiste à se soucier des autres. Le contraire de la bonté c'est la méchanceté. La bonté nous empêche de faire les choses avec des motivations impures. Une personne qui a le cœur bon est comme un enfant. Ceux qui ont la bonté comme fruit de l'Esprit refusent de calomnier, de diffamer les autres. Même si on leur fait du mal, ils refusent de se faire justice et préfèrent se retirer en douceur. Dans la bonté il y a la pureté, l'innocence, l'humilité, la compassion, la miséricorde, etc.

6e. La bénignité

Être bienveillant c'est avoir de l'indulgence, de l'amabilité, de la douceur envers les autres. Bénignité vient du grec ancien «**chrestotes**» qui est la racine en grec ancien du Nom «Christ» et ce nom a été donné à notre Seigneur et Sauveur Jésus-Christ.

La bienveillance est un fruit qui nous permet d'exercer la miséricorde de Dieu. C'est la qualité d'une volonté qui vise le bien et le bonheur des autres. «*Ne faites rien par esprit de parti ou par vaine gloire, mais que l'humilité vous fasse regarder les autres comme étant au-dessus de vous-mêmes.* ***Que chacun de vous, au lieu de considérer ses propres intérêts, considère aussi ceux des autres***» Philippiens 2:3-4.

La bienveillance est la disposition favorable envers les autres quel que soit leur origine, race, sexe, etc.

7e. La fidélité

C'est faire ce qui est "*droit et juste*". C'est respecté un veau. Le Dictionnaire Biblique ajoute, pour être juste, il faut c'est se purifier de l'infidélité.

La fidélité est le fait de s'abstenir de certaines choses pour honorer une relation, une convention, une alliance, etc. La fidélité envers Dieu c'est de marcher selon ses voies.

Marcher selon sa justice. C'est soit l'intégrité, l'honnêteté, le respect de notre parole et de nos engagements.

Dans Psaume 37:37 David dit, « *Car l'Eternel aime la justice, et il n'abandonne pas ses fidèles, ils sont toujours sous sa garde* ».

8e. La douceur

C'est la douceur, soit la docilité, l'obéissance, le respect des lois, des règles, des règlements et de l'autorité.

Juges 9:11 dit: «*Mais le figuier leur répondit : Renoncerais-je à ma douceur et à mon excellent fruit, pour aller planer sur les arbres ?*»

Le figuier, symbole de la douceur, nous parle de Jésus-Christ notre Seigneur. «*Venez à moi, vous tous qui êtes fatigués et chargés, et je vous donnerai du repos. Prenez mon joug sur vous et recevez mes instructions, car je suis doux et humble de cœur ; et vous trouverez du repos pour vos âmes. Car mon joug est doux, et mon fardeau léger*» Matthieu 11:28-30.

9e. La tempérance (maitrise de soi)

La maîtrise de soi vient du grec «egkrateia» et est dérivée de «egkrates» qui signifie «**être fort dans une chose**» ou «en maîtrise» et, de là, il signifie «**le contrôle dans l'appétit et la modération**».

Ce fruit vous évitera beaucoup de problèmes. Grâce à ce fruit, vous allez réfléchir avant de parler, de juger, de répondre, etc. La maîtrise de soi est en réalité la maîtrise de nos sens.

3. IL DOIT AVOIR DE L'EXPERIENCE

Plusieurs personnes de la Bible qui sont devenues des leadeurs ont eu des pères et des mentors. L'élément caractéristique des pères et mentors n'est rien d'autre que de ***«l'expérience».*** Le mot expérience en latin "*Experientia*" c'est-à-dire la connaissance des choses, acquise par l'usage du monde et de la vie.

Les pères et les mentors sont des personnes qui étaient passées par plusieurs étapes de leur ministère. Ils ont connus des épreuves mais étaient restées debout. Ils avaient aussi connu aussi des succès sans tomber dans l'orgueil.

"

Généralement, surtout de nos jours on confond succès, célébrité et expérience. Ce n'est pas parce que quelqu'un est célèbre ou a du succès qu'il est expérimenté.

Quand on parle d'expérience *«le facteur temps»* est très important. Le père ou mentor que vous voulez suivre, son succès dure depuis combien de temps ? Quels sont ses fruits ? Que témoignent les gens sur lui ?

2ème Partie

LA GENERATION DES FILS

Le mot fils en latin «*Filius*» c'est-à-dire: descendant. Les fils sont la génération des héritiers de la vision.

Les pères doivent transmettre la vision de Dieu à ses fils. Le mot transmettre en latin «*Transmittere*» qui veut dire: faire parvenir, communiquer, faire passer par mutation, faire passer d'un endroit à un autre.

Dans Proverbes 4:1-4, le roi Salomon s'adresse à ses fils qui ont besoin de ses instructions afin de devenir à leur tour des pères pour leurs enfants. «***Écoutez mes enfants, l'instruction d'un père,*** *soyez attentif pour acquérir du discernement. Car c'est une bonne éducation que je vous donne. N'abandonnez pas mes enseignements,* ***car j'ai été moi aussi un fils pour mon père,*** *et ma mère me chérissait comme un enfant unique.* ***Mon père m'a enseigné*** *et m'a dit : que ton cœur retienne mes paroles, obéis à mes commandements, et tu vivras*».

Dans le verset ci haut, Salomon dit qu'il était un fils pour son père et sa mère. S'il n'avait pas été un fils, c'est à dire respectueux pour son père et sensible à son enseignement, il n'aurait pas pu être à son tour un bon père pour ses enfants.

Les pères d'aujourd'hui ont été les fils d'hier, et les fils d'aujourd'hui seront les pères de demain. Lorsque vous êtes indiscipliné envers votre père c'est une graine que vous semez. Et lorsque vous serez père, vous allez moissonner des fils indiscipliné ainsi de suite...

1. GENERATION DES ELISEE

Les Elisée sont des fils qui reçoivent la double portion de leurs pères. Élisée l'a reçue d'Élie, mais avant cela, il a fallu qu'Élie soit enlevé. Chaque chose en son temps. Un véritable fils ne combat jamais son père. Il attend que son heure arrive pour faire comme son père.

Il est regrettable de voir plusieurs fils réclamé l'héritage avant la mort de leur père. Elie avait dit à Elisée, si tu me voies être enlevé, tu l'auras.

Beaucoup de personnes ont reçu de véritables appels du Seigneur mais ne sont pas disposées, à l'instar de Guéhazi fils d'Élisée. Or, Elisée a eu un bon père, le prophète Elie.

Il est possible que vous soyez bien formé par un père intègre mais que vous tombiez sur des fils rebelles. Elisée avait un père intègre qui était Elie mais à son tour, il tomba sur un fils rebelle au nom de Guéhazi.

2. GENERATION DES JOSEPH

Joseph est à la fois l'image d'un vrai père et d'un véritable fils. La bible dans Genèse 48: 1-5 dit: « *Et il arriva après ces choses, qu'on dit à Joseph : Voici, ton père est malade.* ***Et il prit avec lui ses deux fils, Manassé et Éphraïm.*** *Et on avertit Jacob, et on dit : Voici, ton fils Joseph vient vers toi. Et Israël rassembla ses forces, et s'assit sur le lit. Et Jacob dit à Joseph : Le Dieu Tout-puissant m'est apparu à Luz, dans le pays de Canaan, et il m'a béni, et m'a dit : Voici, je te ferai fructifier et je te multiplierai, et je te ferai devenir une assemblée de peuples, et je donnerai ce pays à ta semence, après toi, en possession perpétuelle.* ***Et maintenant, tes deux fils qui te sont nés dans le pays d'Égypte, avant que je vinsse vers toi en Égypte, sont à moi : Éphraïm et Manassé sont à moi comme Ruben et Siméon »***.

Joseph amena ses fils (Manassé et Ephraïm) vers sont pères pour qu'ils soient bénis. Les Joseph sont des fils qui ont le cœur d'un père. Ce sont des fils qui font de ses fils, les fils de leurs pères.

Je dirais en d'autres termes que les Joseph sont des fils qui engendrent des fils et qui les forment dans la vision des pères. Joseph a eu des deux fils dans un pays étranger (Egypte) loin de son père mais malgré cela, Joseph savait qu'il vient d'un père et que tout ce qui lui appartenait, appartenait aussi à son père.

3. GENERATION DES TIMOTHEE

Timothée était un fils fidèle (Actes 16:1-3). Il a été préparé au ministère par l'apôtre Paul. Timothée était pour l'apôtre Paul un vrai enfant dans la foi. « *Pour toi*, ***tu as suivi de près mon enseignement, ma conduite, mes projets, ma foi, ma douceur, mon amour, ma constance...*** » 2 Timothée 3:10.

Timothée avait suivi de près l'enseignement, la vie et les souffrances de son père dans la foi, il partageait ses pleurs, son amour pour l'œuvre de Dieu et ses combats. Plusieurs fils ne veulent pas souffrir avec leurs pères. Ils préfèrent le temps de bonheur et non de malheur.

Timothée avait donc une référence, un repère et un exemple, pour mieux servir le Seigneur avec efficacité.

"

Plusieurs fils échouent parce qu'ils n'ont pas eu des références exemplaires pour les servir de de repères et ils sont malheureusement amenés à échouer dans le ministère.

"

Aussi, ne cherchez pas à démontrer que vous êtes plus puissant que votre père dans la foi ou à imiter la manière dont Dieu l'utilise, car cela peut vous amener à la concurrence et la jalousie.

❖ <u>Témoignage</u>: Dans une période de mon ministère il m'était arrivé de devenir concurrent de mon père spirituel. J'étais aimé par ma manière de prêcher, de faire le service prophétique, etc. cela m'a rendu orgueilleux et jaloux en vers mon père spirituel qui était d'ailleurs le pasteur titulaire de l'église locale. Je pouvais voire critiquer ses enseignements. Le Saint-Esprit me réprimanda à se repentir et j'étais subitement triste à tel point que j'avais honte de moi-même.

"

Un fils qui n'honore pas son père engendra à son tour des fils qui vont lui déshonorer.

"

La Bible nous donne des sérieux avertissements sur des fils dans la foi qui ont mal fini :

4. GENERATION DES FILS GUEHAZI

Guéhazi était le fils dans la foi d'Élisée. Malheureusement il était un homme cupide. Guéhazi, dont le nom signifie «*vallée de la vision*», était un homme qui avait une vision terrestre du ministère. Il ne voyait que le matériel, l'argent.

Au lieu d'avoir une vision de la montagne c'est à dire Royaume de Dieu ; Guéhazi avait la vision de la vallée c'est-à-dire Royaume terrestre.

Dieu veut que les fils aient la vision de la montagne. Dans Esaïe 40:4, le Seigneur demanda aux juifs d'agrandir leur vallée, c'est à dire leur vision, car elle était étroite et terrestre.

Guéhazi servait l'homme de Dieu et non Dieu. Cela veut dire, que Guéhazi était préoccupé par les biens matériels : l'argent, les vêtements, les terres, les vignes, les brebis, les bœufs, les serviteurs et les servantes. Guéhazi aspirait à être un patron avec des domestiques à son service.

"

Plusieurs fils sont malheureusement de la génération des fils Guéhazi, ils sont derrière leur père pour profiter de ce qu'ils sont et qu'ils ont: la grande église, la gloire, les biens matériels, les offrandes, la célébrité, les connexions, etc.

"

Alors qu'Elisée refusa les présents de Naaman, Guéhazi lui alla en cachette pour en récupérer. Les présents de Naaman, que son père Élisée avait refusé car il avait conscience du fait que les présents aveuglent, Guéhazi, lui, les a acceptés. Cela a eu des mauvaises conséquences sur le ministère de Guéhazi car la lèpre de Naaman s'est attachée à lui.

Dans 2 Rois 5:25-27, « *Élisée lui dit : D'où viens-tu, Guéhazi? Il répondit : Ton serviteur n'est allé ni d'un côté ni d'un autre. Mais Élisée lui dit :* ***Mon esprit n'était pas absent, lorsque cet homme a quitté son char pour venir à ta rencontre. Est-ce le temps de prendre de l'argent et de prendre des vêtements, puis des oliviers, des vignes, des brebis, des bœufs, des serviteurs et des servantes ?*** *La lèpre de Naaman s'attachera à toi et à ta postérité pour toujours.* ***Et Guéhazi sortit de la présence d'Elisée avec une lèpre comme la neige*** »

Le fils Guéhazi était un homme qui a fréquenté un père, le prophète le plus puissant de son temps, mais au lieu d'hériter de son onction, il hérita de la lèpre de Naaman. Les lépreux étaient donc exclus de la présence de Dieu et du camp (Lévitique 14). Guéhazi par sa convoitise, s'est auto exclu de la présence de Dieu, de son père et de la vision que Dieu avait donnée à son père.

5. GENERATION DES OSIAS

2 Chroniques 26 verset 1 et suivants dit Ozias à l'âge de seize ans, il devint roi à la place de son père Amatsia. La Bible précise au verset 4 «*Et il fit ce qui est droit aux yeux de l'Eternel,* ***selon tout ce qu'avait fait Amatsia, son père.*** *Et* ***il***

***recherchа Dieu pendant les jours de Zacharie**, qui avait l'intelligence des visions de Dieu ; et pendant les jours où il rechercha l'Eternel, Dieu le fit prospérer»* (Bible version Darby).

Ozias était le fils d'Amatsia. Lorsque son père décéda, il devint roi à la place de son père. La Bible dit qu'il fut ce qui est droit devant Dieu comme faisait son père. Osias était un bon fils qui imitait la conduite de son père. Et même après la mort de son père, il y avait une personne a ses cotés qui lui rappelait la crainte de Dieu. C'était Zacharie. Ce dernier était pour lui un père ou encore un mentor spirituel.

Mais ce qui est regrettable dans l'histoire du roi Osias, c'est sa fin. Un homme qui a bien commencé mais qui a mal fini.

La Bible dit, « *Mais quand (Ozias) fut devenu fort, son cœur s'éleva jusqu'à le perdre, et il pécha contre l'Éternel, son Dieu, et entra dans le temple de l'Éternel pour faire fumer l'encens sur l'autel de l'encens. ...»* 2 Chroniques 26:16.

Au verset 21 la Bible dit: « ***Et le roi Osias fut lépreux jusqu'au jour de sa mort**; **et il habita, lépreux, dans une maison d'isolement** (en quarantaine), **car il fut exclu de la maison de l'Eternel.**»*

Osias avait bien commencé mais il a mal fini. Il est mort dans un état de disgrâce, de défaveur, de discrédit.

Les Osias sont des fils qui ont reçu l'appel de Dieu, ils ont étaient encadré par des pères mais la gloire de l'élévation les rendent des orgueilleux.

6. GENERATION DES JUDAS

Judas était l'un des disciples de Jésus. Comme fils, il côtoya donc de près Jésus, pendant trois ans et demi, et exerça à ses côtés un ministère puissant: chassé les démons, guéri les malades, proclamé l'Évangile, etc pourtant, c'était un voleur et un traître.

Dans l'évangile selon Jean 12:3-6 nous pouvons voir les deux des caractères de Judas. «*Marie, ayant pris une livre d'un parfum de nard pur de grand prix, oignit les pieds de Jésus, et elle lui essuya les pieds avec ses cheveux ; et la maison fut remplie de l'odeur du parfum. Un de ses disciples, Judas Iscariote, fils de Simon,* ***celui qui devait le livrer****, dit : Pourquoi n'a-t-on pas vendu ce parfum trois cents deniers, pour les donner aux pauvres ? Il disait cela, non qu'il se mît en peine des pauvres,* ***mais parce qu'il était voleur, et que, tenant la bourse, il prenait ce qu'on y mettait***».

Judas a trahi le Seigneur Jésus pour 30 sicles d'argent (7200 euros d'après les estimations actuelles), soit le prix d'un esclave de l'époque.

Les fils Judas sont des chrétiens qui travaillent avec de mauvaises motivations, avec les pères dans la foi. Les fils Judas peuvent avoir des dons spirituels, faire des miracles, exercer de puissants ministères, être élevé par leurs pères, mais tôt ou tard ils finiront par trahir la confiance de leurs pères dans la foi pour de l'argent.

7. GENERATION DES CHAM

Après le déluge, Noé commença de nouveau à cultiver la terre. Noé avait planté de la vigne. Il fit du vin et en but ; mais il ne sut pas se modérer, il trouva sans doute que le vin était agréable au goût, il but trop et s'enivra. C'est dans cet état honteux que Cham, son plus jeune fils, le trouva dans sa tente. Au lieu d'être attristé et de cacher la faute de son père, Cham se hâta d'aller raconter tout à ses frères.

«Cham, père de Canaan, ***vit la nudité de son père****, et* ***il le rapporta dehors à ses deux frères****»* Genèse 9:22.

"

Il est regrettable de constater que plusieurs fils crachent sur les cadavres de leurs pères.

"

L'un de mes mentors, le prophète Joël FRANCIS TATU disait dans l'un de ses enseignements: ***« lorsque tu vois un oint de Dieu tombé, pleure, ne le critique jamais »***.

Contrairement au fils Cham; les deux autres fils Sem et Japhet eurent un tout autre sentiment. Ils furent affligés de ce qu'il leur avait raconté touchant leur père et s'efforcèrent de cacher sa honte.

Genèse 9:23 dit: «*Alors Sem et Japhet prirent le manteau, le mirent sur leurs épaules, marchèrent à reculons,* ***et couvrirent la nudité de leur père****; comme leur visage était détourné, ils ne virent point la nudité de leur père* ».

Certainement que Noé avait tort mais un père reste un père. Plusieurs fils attirent la malédiction sur eux parce qu'ils ne respectent pas leurs pères dans le moment de faiblesses. Ils sont réjouis de voir la nudité de leurs pères.

Plusieurs fils réclament la chute ou encore la mort de leurs pères. Ils sont contents lorsqu'un père tombe et est déshonoré.

Dans l'histoire de Noé, certes qu'il avait tort de s'enivrer mais cela n'avait pas empêché que la malédiction tombe sur les petits-fils.

«*Lorsque Noé se réveilla de son vin, il apprit ce que lui avait fait son fils cadet. Et il dit:* ***Maudit soit Canaan! Qu'il soit l'esclave des esclaves de ses frères*** !».

Un père reste un père bien qu'il soit dans des positions de faiblesses. Qu'il soit pauvre, boiteux ou encore illettré ; un père reste un père !

- **Témoignage** : il m'était arrivé de faire un faux pas dans mon ministère comme Noé. Je commençais à prendre de l'alcool fort à tel point que certains de mes fils et filles dans la foi pouvaient le constater. Après ce faux pas, je m'étais réconcilié avec Dieu. C'est par après que je serais surpris de constater que la nouvelle de mon ivresse était rependue par mes fils dans la foi. J'étais touché et abattu de savoir que c'est mes fils et quelques membres de mon église locale qui répandaient çà et là la nouvelle. Sauf mon père spirituel, aucun autre serviteur ou fidèle de l'église locale n'est venu me voir pour me parler ni même fils et filles. Au contraire, j'ai constaté que plusieurs me regardaient avec méfiance et relataient çà et là mon état de faiblesse tout en me critiquant...

"

Un véritable fils doit apprendre à couvrir la nudité de son père comme les fils de Noé Sem et Japhet. C'est une preuve de la maturité spirituelle. Voilà pourquoi tout fils doit faire de son père son intime et apprendre à prier pour lui.

"

8. GENERATION DES FILS D'ELI

La Bible nous présente cette génération dans 1 Samuel 2:12-17: «***Les fils d'Eli étaient des hommes pervers, ils ne connaissaient point l'Eternel.*** *Et voici quelle était la manière d'agir de ces sacrificateurs à l'égard du peuple. Lorsque quelqu'un offrait un sacrifice, le serviteur du sacrificateur arrivait au moment où l'on faisait cuire la chair. Tenant à la main une fourchette à trois dents, il piquait dans la chaudière, dans le chaudron, dans la marmite, ou dans le pot ; et tout ce que la fourchette amenait, le sacrificateur le prenait pour lui. C'est ainsi qu'ils agissaient à l'égard de tous ceux d'Israël qui venaient là à Silo. Même avant qu'on fît brûler la graisse, le serviteur du sacrificateur arrivait et disait à celui qui offrait le sacrifice : Donne pour le sacrificateur de la chair à rôtir ; il ne recevra de toi point de chair cuite, c'est de la chair crue qu'il veut. Et si l'homme lui disait :* ***Quand on aura brûlé la graisse, tu prendras ce qui te plaira, le serviteur répondait : Non ! Tu donneras maintenant, sinon je prends de force.*** *Ces jeunes gens se rendaient coupables devant l'Eternel d'un très grand péché, parce qu'ils méprisaient les offrandes de l'Eternel.*»

1 Samuel 2:22. «*Eli était fort âgé et il apprit comment ses fils agissaient à l'égard de tout Israël ;* ***il apprit aussi qu'ils couchaient avec les femmes qui s'assemblaient à l'entrée de la tente d'assignation***».

La génération des fils d'Eli servaient le Seigneur comme sacrificateurs sans le connaître personnellement. Ils volaient les offrandes destinaient à Yahvé, couchaient avec les femmes qui allaient au tabernacle.

- **Témoignage** : Au début de mon ministère, je fréquentais une chambre de prière et on m'apprendra que la prophétesse de cette chambre de prière demandait aux gens d'acheter un savon et elle va les laver car ils ont des malédictions. Plusieurs femmes ont été lavées pour avoir le mariage, enfants, etc.
  J'ai reçu des témoignages des certains serviteurs de Dieu qui demandaient aux fidèles d'être déshabillé pour un rapport sexuel de délivrance (une soi-disant prière d'Elisée). D'autres introduisaient leur organe sexuel (le pénis) dans la bouche des femmes pour transférer soit la guérison ou l'onction lors de l'éjaculation dans la bouche. C'est regrettable, la génération des fils d'Eli !

CONCLUSION

C'est aberrant de dire que nous avons conclu ce grand sujet sur la génération des pères et des fils. La matière nous est très grande et très riche.

J'ai écrit ce livre suite à un souci qui a toujours rongé mon cœur. Mon plus grand regret est celui de voir que l'église (locale) a beaucoup des apôtres, docteurs, prophètes, pasteurs et évangélistes mais elle souffre d'une carence de vrais pères (visionnaire). Et cette carence malheureusement a des répercussions fâcheuses sur des fils héritiers de la vision.

Un des défaillances des pères se trouve dans Juges 2:10, «*Toute cette génération fut recueillie auprès de ses pères, et* ***il s'éleva une autre génération, qui ne connaissait pas l'Éternel, ni ce qu'il avait fait en faveur d'Israël***».

L'église doit retourner au fondement des apôtres et des prophètes, dont Jésus-Christ lui-même est la pierre angulaire (1 Corinthiens 2:20).

Que toute la gloire soit rendue à celui qui nous aime et nous perfectionne, Jésus-Christ de Nazareth !

N'oublions surtout pas que l'Epoux REVIENT !!!!!!

Le Seigneur est entrain de purifier son Eglise, en vue des noces, Alléluia !

Que Dieu vous bénisse !

BIOGRAPHIE

1. C., CUERRIER, *Le mentorat: lexique et répertoire de base*, Québec, Éditions Fondation de l'entrepreneurship.
2. CLAUDE ET J., PAYAN, *Honorer les Pères*, document disponible sur: www.google.com .
3. *Image et symboles bibliques*, document disponible en version PDF sur: http://www.google.com
4. *Les fruits et les dons de l'esprit-saint*, Publications Vivere Publications inc., 2014, vivere@bellnet.ca
5. M., ILOKO KITUMBAMOYO, *La croissance spirituelle*, édition la grandeur, 2020. www.congommemoire.com
6. M., ILOKO KITUMBAMOYO, *Les 3 faces du ministère du Roi Osias*, édition la grandeur, 2021. document disponible en version PDF sur: http://www.congomemoire.com
7. M., ILOKO KITUMBAMOYO, *Les 5 pas vers l'accomplissement de la destinée*, édition la grandeur, 2021. document disponible en version PDF sur: http://www.congomemoire.com
8. Rev D., ANNICK BOURDIER, *Les cinq types de leaderships spirituels dans l'église*, document disponible sur: http://www.google.com
9. Shora KUETU, *Les fruits de l'esprit*, édition ANJC, 2013, www.tv2vie.org
10. Shora KWETU, *Le caractère de Christ*, document disponible en version PDF sur: http://www.levraievangile.com
11. Shora KWETU, *Pasteur ou chef d'entreprise*, édition ANJC, 2010, http://www.reformechretienne.org
12. T.L. OSBORN, *Comment naître de nouveau*, document disponible en version PDF sur: http://www.google.com

Printed by Books on Demand GmbH, Norderstedt / Germany